BEI GRIN MACHT SICH IHR WISSEN BEZAHLT

- Wir veröffentlichen Ihre Hausarbeit,
  Bachelor- und Masterarbeit

- Ihr eigenes eBook und Buch -
  weltweit in allen wichtigen Shops

- Verdienen Sie an jedem Verkauf

Jetzt bei www.GRIN.com hochladen und kostenlos publizieren

Selin Sahin

Französisch und Créole in Haïti

Sprachliche Besonderheiten des haïtianischen Kreol

GRIN Verlag

Bibliografische Information der Deutschen Nationalbibliothek:

Die Deutsche Bibliothek verzeichnet diese Publikation in der Deutschen National-
bibliografie; detaillierte bibliografische Daten sind im Internet über http://dnb.d-
nb.de/ abrufbar.

Impressum:

Copyright © 2012 GRIN Verlag GmbH
Druck und Bindung: Books on Demand GmbH, Norderstedt Germany
ISBN: 978-3-656-34992-1

GRIN - Your knowledge has value

Der GRIN Verlag publiziert seit 1998 wissenschaftliche Arbeiten von Studenten, Hochschullehrern und anderen Akademikern als eBook und gedrucktes Buch. Die Verlagswebsite www.grin.com ist die ideale Plattform zur Veröffentlichung von Hausarbeiten, Abschlussarbeiten, wissenschaftlichen Aufsätzen, Dissertationen und Fachbüchern.

Besuchen Sie uns im Internet:

http://www.grin.com/

http://www.facebook.com/grincom

http://www.twitter.com/grin_com

Heinrich-Heine-Universität Düsseldorf

Institut für Romanistik

Sommersemester 2012

Basisseminar: „Geographische Varietäten des Französischen"

Französisch und *Créole* in Haïti

Sprachliche Besonderheiten des haïtianischen Kreol

Selin Sahin

Eingereicht am: 15.09.2012

Inhaltsverzeichnis

1 Einleitung

Diachronisch betrachtet hat sich das Wort ‚*Créole*' seit der Entdeckung Amerikas bis heute hin sehr verändert. Im Verlauf meiner Arbeit ist folgende der zahlreichen Definitionen am wichtigsten: „Kreolisch (*créole, criollo, …*) ist heute der Name, den die Sprecher selbst ihrer Sprache gegeben haben[…]"[1]. Zu diesen Sprechern zählen auch die Einwohner der westlichen Inselhälfte von *Hispaniola*, besser bekannt als Haïti. In der Kolonialzeit im 15. Jahrhundert kam es zur Ausrottung der Urbevölkerung in Haïti und erst im 17. Jahrhundert wurden afrikanische Sklaven importiert. Die unterschiedlichen Sprachen erschwerten die Kommunikation zwischen Kolonialherren und Sklaven, aber auch zwischen den Sklaven selbst, da diese nicht alle aus derselben Region gebracht wurden, um Verschwörungen zu vermeiden. Kontakt zwischen Menschen, Kulturen und Sprachen war jedoch unumgänglich im Alltag, sodass sich beispielsweise neue Sprachen entwickelten, die anfangs nur zur gegenseitigen Verständigung dienten (Pidginsprachen), aber auch schon bald Muttersprache für die Sklavenbevölkerung wurden (Kreolsprachen)[2]. In Haïti spielt vor allem die französische Kreolsprache eine besondere Rolle, da Französisch die Sprache der dominierenden Kolonialherren war.

Die Kolonialisierung von Haïti ist ein bedeutender Aspekt in der Entstehung der dort gesprochenen Kreolsprache, weswegen ich zuerst auf historische Ereignisse zurückgreifen und anschließend den Stellenwert der dominierenden Sprachen Französisch und *Créole* klären möchte, wobei hier nicht nur der alltägliche Gebrauch eine große Rolle spielt, sondern auch die Sprachpolitik. Um die Unterschiede der Sprachen deutlicher zu machen, werde ich das haïtianische Volksmärchen „*Istwa Bouki ak Malis*" auf linguistische Merkmale untersuchen.

Herrscht in Haïti eine ausgewogene Diglossie oder ist *Créole* aufgrund historischer Hintergründe minderwertiger als Französisch?

Diese wichtige Frage erstreckt sich durch die gesamte Arbeit und wird nach den ganzen Untersuchungsergebnissen zum Schluss geklärt.

---

[1] Stein, Peter: *Kreolisch und Französisch*, Tübingen 1984, S.7.
[2] Vgl. ebd., S.1.

2 Entstehung des Sprachraumes

Am 06.12.1492 gelangte Christoph Kolumbus nach Haïti und traf dort auf die Ureinwohner, auch Arawak-Indianer genannt. Trotz der friedfertigen Haltung des Volkes, dauert es nicht lange und die Kolonialherren begannen mit der Ausbeutung und Misshandlung der Indianer und diese grausamen Taten endeten schließlich in der kompletten Ausrottung der Urbevölkerung[3]. Um jedoch den Nutzen von den vorhandenen Plantagen zu ziehen, importierte man im 17. Jahrhundert

Abb. 1: Ankunft von Christoph Kolumbus in Haïti

Arbeitskräfte aus Afrika, da diese Arbeit als zu nieder für die weiße Bevölkerung angesehen wurde. Es begann zudem die Rivalität zwischen den großen Kolonialmächten und nach dem Friedensvertrag von Ryswick 1697 gab Spanien Haïti, damals *Saint-Domingue*, letztendlich an Frankreich ab. Im 18. Jahrhundert wurde die Inselhälfte durch die ganze Plantagenwirtschaft schließlich zur reichsten Kolonie Frankreichs. Nach dem Erlass der *Code Noir*, eine Anordnung zum Umgang mit Sklaven von Ludwig dem XIV, versuchten viele afrikanische Sklaven zu fliehen oder taten sich zusammen und fochten Aufständen an. Diese führten 1791 zur *Révolution Haïtienne*, die schlussendlich am 01.01.1804 unter Jean-Jacques Dessalines mit der Unabhängigkeit des Landes *Saint-Domingue*, von diesem Zeitpunkt an nun Haïti genannt, von Frankreich endete[4]. Somit ist Haïti auch das erste Sklavenvolk in der Geschichte der Kolonialisierung, das sich unabhängig machte.

Schon durch diese kurze Zusammenfassung kann man erkennen, was für eine bewegte Geschichte Haïti hat und dass viele verschiedene Völker dazu gehören. Das Zusammenkommen dieser Völker war der Anfang von Kommunikationsproblemen und der Herausbildung der französischen Kreolsprache.

---

[3] Vgl. Ludwig, Ralph: *Frankokaribische Literatur, Eine Einführung*, Tübingen 2008, S.21-22.
[4] Vgl. Leclerc, Jacques (1999) : *L'aménagement linguistique dans le monde, Haïti.*
    http://www.tlfq.ulaval.ca/AXL/amsudant/haiti.htm (Stand: 30.08.2012)

3 Sprachsituation nach der Kolonialzeit und der Unabhängigkeit

Während in der Kolonialzeit die neu entfachte Sprache für einfache Verständigungen genügte, gewann sie vor allem nach der Unabhängigkeit mehr und mehr an Bedeutung. Die Sklavenbevölkerung, die es schaffte sich von der Kolonialmacht zu lösen, wollte nun auch eine eigenständige Nation mit eigener Sprache sein. Natürlich blieb der Einfluss des Französischen und mit einigen, vor allem grammatischen, afrikanischen Elementen entstand die französisch basierte Kreolsprache, die heute mehr als 9 Millionen Sprecher weltweit zählt[5]. Aber auch Französisch hat noch eine wichtige Stellung im unabhängigen Haïti.

3.1 *Créole* in Haïti

Die Kreolsprache in Haïti, auch *créole haitien* genannt, hat 7 Millionen Sprecher und ist Teil der *créole français*, da der Grundwortschatz zum größten Teil aus dem Französischen stammt. Jedoch hat sich diese Sprache so weit entwickelt, dass die einzigen Gemeinsamkeiten mit den anderen Kreolsprachen Spuren der Kolonialsprache sind. So spricht auch die Mehrheit (80%) der Inselbewohner ausschließlich *Créole*[6]. Hier wird noch einmal geographisch unterschieden zwischen *le créole du nord, le créole du centre* und *le créole du sud*. Es handelt sich meistens um phonologische oder lexikalische Unterschiede, wie zum Beispiel für das französische Wort für Wasser wird im Norden ‚*djo*‘, im Zentrum ‚*dlo*‘ oder ‚*glo*‘ und im Süden ‚*dlo*’ anstatt ‚*eau*‘ verwendet[7].

3.2 Französisch in Haïti

Es gibt auch eine Minderheit (10%), die ausschließlich Französisch spricht. Hier sind gebildete Bürger und ursprüngliche Franzosen zuzuordnen. Aufgrund der Vergangenheit als Kolonie, wird Französisch als Sprache der Macht in Haïti gesehen und ist dominierend in den Bereichen Politik, Bildung, Verwaltung und Kultur.

---

[5] Vgl. Stein, Peter: *Kreolisch und Französisch*, Tübingen 1984, S.10.
[6] Vgl. Leclerc, Jacques (1999) : *L'aménagement linguistique dans le monde, Haïti.* http://www.tlfq.ulaval.ca/AXL/amsudant/haiti.htm (Stand: 30.08.2012)
[7] Vgl. Valdman, Albert: *Le créole: Structure, statut et origine*, Paris 1978.

Außerdem war Französisch, trotz der langjährig vorhandenen eigenen Sprache, bis 1964 die einzig erwähnte Sprache im haïtianischen Gesetz[8].

3.3 Sprachkontakt

Beide Sprachen fließend beherrschen ca. 18% der Bevölkerung. Es muss nicht sein, dass nur wer gebildet ist Französisch spricht. Grundsätzlich können alle Haïtianer minimales Französisch. Ein oft auftretendes Phänomen ist auch das ‚alternance de code‘ oder ‚code switching‘. Hier werden Französisch und Kreolisch innerhalb einer Satzstruktur vermischt. Ab 1984 schließlich werden beide Sprachen auf gleichem Stellenwert Amtssprache von Haïti[9].

4 Sprachpolitik

„Tous les Haïtiens sont unis par une langue commune : le créol. -Le créole et le français sont les langues officielles de la République"[10]. Nachdem nun beide Sprachen laut Gesetz gleichwertige Amtssprachen sind, ist es interessant zu erfahren, ob beide Sprachen gleichermaßen gebraucht werden oder in welchen Bereichen welche Sprache eventuell dominanter ist.

4.1 Justiz

Im Bereich des Rechts ist das Französische weitaus vorherrschend, vor allem schriftlich. Dies sieht man auch an vielen Gesetzesartikeln, die ausschließlich auf Französisch verfasst sind. Es gibt zwar eine kreolische Version der Verfassung, aber die wurde nie offiziell anerkannt. Mündlich jedoch, wie zum Beispiel in Verhandlung, wird öfters *Créole* als Kommunikationssprache verwendet.

4.2 Bildung

Trotz der enorm hohen Analphabetenquote von über 70%, gibt es auch in Haïti Bildungseinrichtungen. In der Grundschule (4 Jahre) wird zunächst bilingual erzogen, d.h. es gibt 752 Französisch und 763 Kreolisch als Unterrichtsfach. Im

---

[8] Vgl. Leclerc, Jacques (1999) : *L'aménagement linguistique dans le monde, Haïti*.
http://www.tlfq.ulaval.ca/AXL/amsudant/haiti.htm (Stand: 30.08.2012)
[9] Vgl. Leclerc, Jacques (1999) : *L'aménagement linguistique dans le monde, Haïti*.
http://www.tlfq.ulaval.ca/AXL/amsudant/haiti.htm (Stand: 30.08.2012)
[10] Constitution de la République d'Haïti (1987), Article 5.
http://www.tlfq.ulaval.ca/AXL/amsudant/haiti-const-bilng.htm (Stand:31.08.2012)

weiteren Schulverlauf kommt die Lehrsprache auch auf die geographische Lage an. Städte haben meistens Französisch als Lehrsprache, wobei je mehr man ins ländliche kommt desto mehr auf Kreolisch unterrichtet wird. Lehrbücher sind größtenteils auf Französisch verfasst, obwohl es Ausnahmen gibt, wie z.B. die Kreolische Grammatik. Im letzten Bildungsstadium, der Universität, ist ausschließlich Französisch als Lehrsprache üblich.

4.3 Medien und Öffentlichkeit

Im Bereich der Medien, kommt es vorwiegend auf den Unterhaltungsfaktor der Masse an. Da die meisten Menschen in Haïti *Créole* sprechen und verstehen wird auch an dieser Sprache festgehalten. Vor allem Radiosender, weil sie auch die ärmere Bevölkerung am leichtesten erreichen, sind auf Kreolisch. Beim Fernseher wiederum ist es unterschiedlich. Auch wenn Französisch und Englisch hier dominieren, gibt es auch wenige kreolische Sender. Die Zeitungen sind überwiegend auf Französisch, trotzdem gibt es, wenn auch selten, in ländlichen Gegenden auch Neuigkeiten auf *Créole*. Die berühmtesten Medien sind das Radio *Radyo Atlantik*, der Sender *Télé Haïti* und die Zeitung *Le Matin*.

Wie in allen Bereichen, gibt es auch in der Öffentlichkeit keine einheitliche Sprachregelung. Einerseits ist die Beschilderung von kommunalen Gebäuden auf Französisch, andererseits in Provinzstädten dann doch wieder auf Kreol. Auch in der Werbebranche kommt es auf die Unternehmensgröße an welche Sprache man benutzt. Große Unternehmen, die überregional ansprechen wollen, werben auf Französisch und manchmal sogar auf

Abb. 2: Bilinguale Werbung für Ratengift

Englisch. Mittelständige Unternehmen, die meistens auch nur regional bekannt sind, werben auf Französisch und Kreol. Meistens kommt es einfach nur auf das Produkt, das verkauft werden und das Publikum, das angesprochen werden soll, an. Eine Einheit hingegen herrscht bei Münzen, Briefmarken, Ortsnamen, Straßenschilder und

Anzeigen von Regierungsgebäuden. Diese sind in Haïti nur auf Französisch vorzufinden.[11]

5 Analyse der linguistischen Merkmale des *Créole* anhand des haïtianischen Volksmärchens „*Istwa Bouki ak Malis*"

Trotz des französischbasierten Wortschatzes hat sich *Créole* sehr von ihrer ‚Muttersprache' entfernt. Es ist auch für Sprecher des Französischen kaum möglich diese Sprache ohne Weiteres zu verstehen. Auch wenn die Sprache afrikanische Spuren aufweist, ist sie den frankoromanischen Sprachen zuzuordnen, da sie als eine Varietät des Französischen gilt. Um die gravierenden Veränderung festzustellen, die das *Créole* so sehr vom Französischen distanzieren, werde ich im Folgenden das Volksmärchen „*Istwa Bouki ak Malis*"[12] analysieren.

5.1 Phonetik und Phonologie

Vor allem in der lautlichen Struktur des *Créole* gibt es große Unterschiede zu dem Französischen. Dies liegt daran, dass damals eine ältere Version des Französischen gesprochen wurde oder aber auch der Einfluss der afrikanischen Sprachen der Sklaven hat viel dazu beigetragen[13].Da es eine Menge Abweichungen gibt, werde ich die auffälligsten und am häufigsten vorkommenden vorstellen.

In allen französischen Kreolsprachen fehlen die gerundeten Palatalvokale und an Stelle dieser sind die gespreizten Palatalvokale getreten. Zum Beispiel werden [ø] und [œ] zu [e] und [ɛ], sodass das Wort *deux* [dø] zu *de* [de] wird[14]. Weil sie anstelle des neufranzösischen [wa] Lauts den älteren Lautstand [we/wɛ], wie bei *voir* [vwaʀ] – *wé* [wɛ], bewahrt haben, gelten einige französische Kreolsprachen als sehr konservativ[15]. *Faire* [fɛʀ], das zu *fé* [fɛ] wird, zeigt ein eindeutiges Schwinden des Phonems /ʀ/. Dies geschieht wenn es vor einem Konsonanten oder wie in diesem Fall im Wortauslaut nach einem Vokal steht. Es gibt auch Wörter wo das /ʀ/ erhalten

---

[11] Vgl. Leclerc, Jacques (1999) : *L'aménagement linguistique dans le monde, Haïti.*
http://www.tlfq.ulaval.ca/AXL/amsudant/haiti.htm (Stand: 30.08.2012)
[12] Französische und kreolische Fassung mit verwendeten Beispielen im Anhang ab S.13 zu finden.
[13] Vgl. Stein, Peter: *Kreolisch und Französisch*, Tübingen 1984, S.18.
[14] Vgl. ebd., S.19.
[15] Vgl. ebd., S.21.

ist, jedoch wandelt es sich dann vor einem [o] und [u] in ein [w] um, wie beispielsweise bei *féroce* [feʀɔs], das zu *fewòs* [fewɔs] wird[16].

5.2 Morphosyntax

Noch mehr Unterschiede zur Ausgangssprache zeigt das *Créole* in der Morphologie und Syntax. „Hier scheint der Einfluss der Sklaven am stärksten gewesen zu sein, denn die wichtigsten Abweichungen von der französischen Vorlage entsprechen gleichzeitig typischen Strukturen afrikanischer Sprachen"[17]. In der behandelten Kreolsprache gibt es grundsätzlich keine Genusmarkierung (*la fiancée - fiyanse*). Es gibt jedoch mehrere Möglichkeiten diese auszudrücken. Beispielsweise kann man Wörter, die bereits im Französischen existieren übernehmen und auch Endungen der französischen Sprache erhalten. Es gibt auch keine Numerusmarkierung, sodass dieser vom Kontext zu erschließen ist, außer wenn das Wort spezifiziert oder hervorgehoben werden soll, geschieht dies mit angepassten Artikeln. In dem untersuchten Märchen finden wir *le balcon,* das im *Créol* nur als *balkon* steht und *une bête féroce,* das als *yon bèt fewòs* vorzufinden ist. Zusätzlich entfällt die Markierung des indirekten Objekts durch die Präposition ‚à', sodass sich seine Funktion nur aus der Stellung und dem Zusammenhang ergibt oder mit Präposition wie beispielsweise *pou* (frz. *pour*) markiert wird. Folgendes Beispiel hilft zur Verdeutlichung: *Il ne tarda pas à se fatiguer – Men li te vin fatige.* Ebenfalls sind Artikel als Funktionsträger weggefallen und sind noch gelegentlich als funktions- und bedeutungsloser Bestandteil einer Reihe von Substantiven oder Adverbialsyntagmen erhalten. Jedoch stehen sie dann auch nur direkt hinter dem dazugehörigen Wort oder am Ende des Satzes[18]. *La selle* zum Beispiel ist in dem Märchen als *sèl la* wiederzufinden. Auch die Verben in der Kreolsprache sind im Gegensatz zum Französischen unveränderlich. Die größte Gruppe der Verben bilden die, die auf –e auslauten, unübersehbar oft auftauchend in dem Märchen (*monte, manje, kòmanse, ranje, mete*). Die verlorenen Formen des französischen Verbsystems werden durch Partikel, die vor das Verb gesetzt werden, wiederhergestellt. Ein Beispiel für die Darstellung der Vergangenheit im haïtianischen Kreol ist die Konstruktion mit ‚*t'ap(e)*'[19]. Gleich zu Beginn der

---

[16] Vgl. ebd., S.26-27.
[17] Vgl. ebd., S.54.
[18] Vgl. ebd., S.57-61
[19] Vgl. ebd. S.76-78.

9

Erzählung finden wir ‚*Yon jou, Malis t ap pale ak fyanse Bouki'* als treffendes Beispiel.

Dies als kleiner Einblick in die Morphosyntax des *Créole*, zeigt eine klare Abweichung in grammatikalischer Hinsicht, was sich, wie zuvor erwähnt, auf den afrikanischen Einfluss zurückführen lässt.

5.3 Lexik

Der Wortschatz der Kreolsprache in Haïti ist auf das Französische zurückzuführen, da die ehemalige Kolonialmacht im Land Frankreich war. Auch heute noch ist der Anteil dieser Wörter am höchstem, trotz zusätzlicher Veränderungen der Form, ihrer Bedeutung oder auch der syntaktischen Funktion. Wörter aus den Sprachen der Sklaven decken meistens nur kleine Bereiche ab, wie zum Beispiel die Religion. Wörter, die ohne Veränderungen übernommen wurden nennt man ‚Erbwortschatz'. Jedoch wurden auch sehr viele Wörter mit der Zeit verändert, so kam es zur Agglutination des französischen Artikels. Hier verschmelzen

K r H a i (405 Einträge)		
≈ français contemporain	244 =	60,2%
néologismes créoles	63 =	15,6%
archaïsmes et survivances dialect.	67 =	16,5%
origine française		92,3%
'mots des Isles'	-	--
mots anglais	1 =	0,3%
mots espagnols et portugais	5 =	1,2%
origine européene		93,8%
mots d'origine africaine	11 =	2,7%
mots d'origine caraïbe	4 =	1,0%
mots d'origine malgache	-	--
mots pris de langues indiennes	-	--
autres et inconnus	10 =	2,5%
origine non-européene et inconnue		6,2%

Abb.3: Etymologie des Kreolwortschatzes in Haïti

Artikel und Wort zu einem Lexem. *Lasal* (*la salle*) und *zepon* (*les éperons*) sind Beispiele die man im Märchen wiederfindet. Ein oft auftretendes Phänomen ist auch der Ausfall der Anlautsilbe. Wie man vielleicht nicht auf den ersten Blick erkennen kann, stammt das Wort *ranje* von dem Französischen *arranger*. Der Anlaut wurde weggelassen, um einerseits das Wort zu verkürzen oder aber auch das französische Lexem zu ‚kreolisieren'[20]. Einen minimalen Anteil macht auch der Wortschatz nicht-französischen Ursprungs aus, diese nennt man im Fall von Haïti ‚Afrikanismen'. Diese wenigen Wörter beschränken sich auf den Bereich der Voudoureligion und gehören nicht zu dem Grundwortschatz der französischen Kreolsprache, sondern konnten sich nur in Bereichen erhalten, wo das Französische keine Entsprechung hat oder aber auch in spezifischen Bereichen, wie eben im Voudoukult[21].

---

[20] Vgl. ebd., S.33-39.
[21] Vgl. ebd., S.50-51.

6 Schluss

Die Frage, die man sich vielleicht stellt, wenn man sich mit diesem Thema beschäftigt ist, ob man in Haïti von einer Diglossie sprechen kann. Haben beide Sprachen denselben Stellenwert, verdrängt *Créole* das Französische oder aber dominiert Französisch noch weiterhin wie in Kolonialzeiten? Meiner Meinung nach ist es sehr schwer sich ein Bild von der Situation in Haïti zu machen. Vieles ist noch nicht fest geregelt, so sind noch viel zu viele individuelle Entscheidungen vorherrschend, vor allem im Bereich der Bildung, die einer Gleichheit im Wege stehen. Trotz der großen Sprecherzahl, hat Créole ein geringes Prestige und wird oft im Zusammenhang mit der ‚Sprache der Sklaven' erwähnt[22]. Französisch gilt als Sprache der Macht und steht für Bildung und Wohlstand. So herrscht meines Erachtens in Haïti keinesfalls eine Diglossie und die französische Sprache ist die angesehener von beiden, obwohl daran gearbeitet wird die Vorurteile gegen die Kreolsprache zu beseitigen.

---

[22] Vgl. ebd., S.111.

7 Bibliographie

7.1 Sekundärliteratur

📖 Ludwig, Ralph: *Frankokaribische Literatur, Eine Einführung*, Tübingen 2008.

📖 Stein, Peter: *Kreolisch und Französisch*, Tübingen 1984.

📖 Valdman, Albert: *Le créole: Structure, statut et origine*, Paris 1978.

7.2 Internetquellen

🖥 Constitution de la République d'Haïti (1987), Article 5.
www.tlfq.ulaval.ca/AXL/amsudant/haiti-const-bilng.htm (Stand:31.08.2012)

🖥 Leclerc, Jacques (1999) : *L'aménagement linguistique dans le monde, Haïti.*
www.tlfq.ulaval.ca/AXL/amsudant/haiti.htm (Stand: 30.08.2012)

7.3 Bildquellen

🖼 Abbildung 1: Ankunft von Christoph Kolumbus in Haïti
www.pdg-losheim.de/Unterricht/Gesellschaftswi_/Kolumbus_entdeckt_Amerika_II/kolumbus_entdeckt_amerika_ii.HTM (Stand: 01.09.2012)

🖼 Abbildung 2: Bilinguale Werbung für Ratengift
http://www.traveladventures.org/continents/southamerica/haitian-signs05.shtml (Stand: 01.09.2012)

🖼 Abbildung 3: Etymologie des Kreolwortschatzes in Haïti
Stein, Peter: *Kreolisch und Französisch*, Tübingen 1984.

8 Anhang

8.1 Istwa Bouki ak Malis

Yon jou, Malis t ap pale ak **fyanse** Bouki. Li di li:
— M ap parye ak ou m ka monte sou do Bouki tankou m ta **monte** sou do chwal mwen Fyanse Bouki estomake, li di Malis:
— Sa pa kab fèt.
— Sa pa kab fèt! M **fè** ou sèman m ap fè li pyafe anba **balkon** an, semèn sa a pou pita.
— Tou sa se jwèt, monchè Malis.
De (2) jou apre, Malis al wè Bouki. Li di li wa te envite li nan yon bal epi ta pral genyen yon gran soupe anvan bal la. Tande li tande mo soupe a, Bouki w è yon chay **manje** devan je li, li kòmanse reve; li fè je li laj kon je frize epi li di:
— Malis, ti **frè** mwen, mennen m, non ?
— Sa pa kab fèt, Bouki monchè, yo pa envite ou.
— Enben, **ranje** sa, Malis, ou se wa nan degaje miskad.
— Sa pa kab fèt… sòf si… sòf si… men ou p ap vle fè sa m ta pral di a.
— Di m li, non.
— Enben, m ta monte sou do ou. Yon fwa nou rive ka wa a, ou ta wete sèl la sou do ou epi ou ta antre nan **lasal** tankou yon envite.
Bouki manke pete nan po li lò li tande pawòl sa a, men lò li sonje ki kalite manje li ta pral pèdi, li di wi. Lò sa a, Malis di li soupe a se pou nan landemen. Bouki di:
— Enben, n ap **wè** demen.
Jou a, Bouki rive ka Malis o pipirit chantan. Malis koze on ti moman ak li epi l **mete** sèl sou do l. Bouki plenn.
— Si on moun tande ou, li va di se katredral la mwen mete sou do ou.
Lò Malis mete kat je pou li, Bouki plenyen; li di l pa wè. Malis di:
— Sa pa fè anyen, ou va mache drèt devan ou.
Men lò Malis vle mete brid ak mò pou li, li leve kò li fese atè. Li rele di y ap kase dan l, ki enpòtan pou li pase de grenn je l. Alafen, Malis vole sou **sèl la** epi l mete **zepon** pou msye Bouki bondi tankou **yon bèt fewòs.**
— Non, kanta zepon an li pa ladan l!
— Sa w ap di la a, monchè, kote ou janm wè kavalye san zepon!
— Enben, pa ban m kout zepon ankò, ou va fè m rete la, m pa fè yon pa.
Avèk sa, Bouki te kontinye mache; li te menm on ti jan bwòdè. **Men li te vin fatige.**
O, o, on sèl kout wouchin mete nanm li sou li. Bouki **kòmanse** grennen pete, li pete, li pete jouk sa kaba.
— Non, Malis, non, afè fwèt la pa t ladan l.
— Enbesil, kote ou konn wè kavalye monte chwal san fwèt!
Pòv Bouki, li t ap swe tout swe nan kò li, li t ap pèdi fòs.
Voup! Li leve tèt li, li wè balkon kay fyanse l ki t ap pran lafrechè. Lò sa a yon raj monte li, li mete pyafe, li sote, li ponpe, men bichi. Fyanse Bouki menm ki tande tout bri l t ap fè yo kouri gade. Lò li wè se Bouki ki te anba kout zepon, ki t ap pase brid sou kou anba balkon an, li pèdi konesans.

8.2 L'histoire de Bouki et Malie

Un jour, causant avec la fiancée de Bouqui, Malice se vanta de pouvoir chevaucher celui-ci comme si c'était son propre cheval.

— C'est impossible, répondit la fiancée, indignée.

— Impossible ! Je vous jure de le faire piaffer devant votre balcon, pas plus tard que cette semaine.

— Allez, vous plaisantez, mon cher Malice.

Le surlendemain, bavardant avec Bouqui, Malice laissa entendre qu'il était invité chez le roi à un bal précédé d'un grand dîner. A ce mot, Bouqui, pensant aux plats succulents, ouvrit immédiatement les yeux, ronds comme des yeux de chouette.

— O Malice, Malice mon frère, emmenez-moi !

— C'est impossible, Bouqui. Voyons, vous n'êtes pas invité.

— Eh bien, vous arrangerez cela. A vous tout est possible, Malice.

— Impossible... à mois que... à moins que… Mais vous n'accepterez pas.

— Allez toujours.

— Voilà. Vous me serviriez de monture. Arrivé là, vous auriez vite fait d'enlever votre selle et de pénétrer dans la salle, comme un invité.

Bouqui refusa avec indignation, mais lorsqu'il pensa aux plats succulents qui allaient lui échapper, il accepta.

— A demain donc, dit Malice.

— A demain, répondit Bouqui.

Deux jours après, Bouqui s'amena de bonne heure. Après avoir causé un moment. Malice lui mit la selle sur le dos. Bouqui gémit.

— A vous entendre, dit Malice, on dirait que vous portez la Cathédrale!

Pour les œillères, Bouqui se plaignit de ne pas voir.

— Ça ne fait rien, vous irez tout droit devant vous!

Mais pour le mors, ce fut toute une histoire... Il se plaignit que cela lui cassait les dents auxquelles il tenait plus qu'à la prunelle de ses yeux. Enfin Malice, s'élançant sur la selle, enfonça les éperons. Son coursier bondit comme une bête féroce.

— Ah non, pour ça non ! Il n'avait pas été question d'éperons!

— Vous plaisantez mon cher. A-t-on jamais vu de cavalier sans éperons!

— Ne le faites pas une deuxième fois ou je ne marche plus!

Cependant, il se décida à trotter, d'une assez fière allure. Hélas! il ne tarda pas à se fatiguer. Un vigoureux coup de cravache le piqua jusqu'au cœur. Il répondit par toutes sortes de bruits venant du ventre…

— Non, non, non, Malice, il n'était pas question de fouet!

— Imbécile, il n'y a pas de cavalier sans cravache!

La pauvre bête suait à grosses gouttes et faiblissait de plus en plus. Soudain, Bouqui leva la tête et vit le balcon où sa fiancée prenait le frais. Alors l'énergie lui revint. Furieux du tour que lui jouait Malice, il se mit à piaffer, ruer, bondir, mais en vain.

Tout son manège n'eut d'autre résultat que d'attirer l'attention de sa fiancée. Et lorsque celle-ci vit Bouqui endurer les coups d'éperons et partir la bride sur le cou, elle en perdit connaissance.[23]

---

[23] Haïti-Med e.V.: http://www.haiti-med.org/de/ueber-haiti-liste/land-menschen-kultur-liste/106-krik-krak-contes-dhaiti-haitianische-maerchen.html?showall=1 (Stand 03.09.2012)